겨자씨 말씀

LE PIÙ BELLE STORIE DEL VANGELO

by Jorge Mario Bergoglio, Papa Francesco

care of Anna Peiretti

© Libreria Editrice Vaticana, Citta del Vaticano

© 2018 Mondadori Libri S.P.A.

© illustration by Giulia Orecchia

Published by Mondadori under the imprint of Piemme

All rights reserved.


Korean Translation Copyright © 2020 by TEUMSAE BOOKS

Korean edition is published by arrangement with MONDADORI LIBRI S.P.A.

through Imprima Korea Agency

# 겨자씨 말씀

• LE PIU BELLE STORIE DEL VANGELO •

프란치스코 교황이
예수님 말씀에서
길어 올린 생각들

프란치스코 교황 **지음**
알베르토 몬디 **옮김**
정우석 사무엘 신부 **감수**

틈새책방

## ● 차례 ●

프롤로그 ············································· 007

씨 뿌리는 사람 ······························· 009

소금 ················································· 019

산 위의 빛 ········································· 027

반석 위에 세워진 집 ························· 035

겨자씨 ·············································· 043

누룩 ················································· 051

보물과 진주 ······································ 059

무자비한 종 ······································ 067

낙타 ················································· 075

포도밭의 일꾼들 ······························ 081

탈렌트 ···································· 089

착한 사마리아인 ························ 099

문 ·································· 111

잃어버린 양 ···························· 119

자비로운 아버지 ························ 129

참포도나무와 가지 ······················ 141


옮긴이의 말 ······························ 150

**일러두기**

- 이 책에 나오는 성경 구절은 2017년 한국천주교중앙협의회에서 발행한 《신약성경》을 기본으로 하여 번역했습니다.

- 복음서의 비유는 저작권사인 MONDADORI LIBRI S.P.A의 편집자가 《성경》을 바탕으로 편집한 것입니다.

- 본문에 나오는 각주는 번역자의 주석입니다.

예수님은 이야기를 좋아하는 분이셨습니다. 나무 그늘에서, 호숫가에서, 친구들과 산책하면서 항상 대화를 나누셨습니다.

가끔 어떤 이들은 예수님에게 "당신의 이야기들이 어떤 쓸모가 있나요?"라고 물었습니다. 예수님께서는 "이야기는 모든 사물에 숨겨져 있는 신비로움을 알기 위해, 보이지 않는 것을 보기 위해, 그리고 우리 마음속 감정의 지도를 그리기 위한 것입니다."라고 대답하셨습니다.

예수님은 절대로 부연 설명하지 않으셨습니다. 사람들은 예수님을 스승이라고 불렀는데, 정말 예수님께서는 아주 특별한 스승이셨습니다. 어린아이들에게 "이해했나요?"라는 질문을 절대 하지 않으셨습니다. 그저 당신의 목소리가 사람의 마음속에 스며들어, 궁금증과 희망이 생기고, 자기만의 공간을 만들 때까지 기다리셨습니다.

프란치스코 교황은 어렸을 때부터 이런 이야기를 많이 들었습니다. 할머니, 엄마, 선생님과 교수님 들까지 그들은 예수님에 대한 다양한 이야기를 그에게 들려주었습니다. 프란치스코 교황은 어린 시절에 예수님의 이야기를 들으며 자신의 마음속에 생겨난 질문과 감정을 기회가 있을 때마다 종종 언급합니다.

이 책에 등장하는 예수님의 이야기들은 신분의 높고 낮음, 언어, 나이, 종교와 상관없이 모든 이에게 들려주는 것입니다. 예수님의 이야기는 모든 사물과 사람의 마음속에 숨겨진 신비로움을 드러냅니다. 이것들은 여러분을 위해 쓰여진 이야기입니다.

엮은이 안나 페이레티

씨 뿌리는 사람

IL SEMINATORE

어느 날 예수님께서 집에서 나와 호숫가에 앉으셨습니다. 이윽고 주위에 군중이 모여들어, 예수님께서는 배에 오를 수밖에 없었습니다. 배 위에 앉으신 예수님은 여러 이야기를 하셨습니다. 사람들은 호숫가 뭍에서 말씀을 들었습니다. 예수님께서는 씨 뿌리는 사람의 이야기도 하셨습니다.

"씨 뿌리는 사람이 씨를 뿌리러 나갔습니다. 그가 씨를 뿌리는데, 어떤 것은 길에 떨어져 새들이 와서 먹어버렸습니다. 어떤 것은 흙이 많지 않은 돌밭에 떨어졌습니다. 흙이 깊지 않아 싹은 곧 돋아났지만, 해가 솟아오르자 타고 말았습니다. 뿌리가 없어서 말라 버린 것입니다. 또 어떤 것은 가시덤불 속에 떨어졌습니다. 가시덤불이 자라면서 숨을 막아 버려 열매를 맺지 못했습니다.

그러나 어떤 것들은 좋은 땅에 떨어져, 싹이 나고 자라서 열매를 맺었습니다. 그리하여 어떤 것은 서른 배, 어떤 것은 예순 배, 어떤 것은 백 배의 열매를 맺었습니다."

★ 〈마르코 복음서〉
제4장 3~9절의 이야기

이 말씀에서 씨 뿌리는 사람은 온갖 종류의 땅에 씨앗을 뿌립니다.

이 비유의 진정한 주인공은 작은 씨앗인데, 그게 어느 땅에 떨어지느냐에 따라 결실을 많이 얻기도 하고, 적게 얻기도 합니다. 처음 세 종류의 땅에서는 열매가 생기지 못합니다. 길바닥 위에 놓인 씨앗은 새들이 와서 먹어 버렸고, 흙이 적은 돌밭에 뿌려진 씨앗은 뿌리가 내리지 못해 말라 버립니다. 가시덤불 속 씨앗은 가시가 마구 자라난 탓에 숨이 막혀 열매를 맺지 못합니다.

네 번째 땅은 비옥한 토양입니다. 이 땅에서만 씨앗이 자라 무성한 결실을 맺을 수 있습니다.

★ 삼종 기도, 2014년 7월 13일


씨 뿌리는 자의 비유는 땅을 일구고 결실을 맺는 것에 대한 이야기입니다. 땅의 종류와 파종 방법, 결실의 종류가 나오고, 이들 사이의 관계가 드러납니다. 창세기부터 하느님께서는 인간에게 땅을 경작하고 지키라고 부드럽게 권유하셨습니다.

생명, 땅, 우주만 주신 게 아닙니다. 동반자뿐만 아니라 무한한 기회 역시 주셨습니다.

하느님께서는 인간에게 제안하고, 사명을 주셨습니다. 인간에게 창조에 참여하라고 권하고, "결실을 맺으라!"라고 하셨습니다. 하느님께서 인간에게 말씀하시길, "나는 너희에게 씨앗과 땅, 물과 태양, 일할 수 있는 손과 형제들의 일손까지 다 주었노라."라고 하셨습니다.

★ 담화, 2015년 7월 15일

타인과의 만남은 일종의 씨앗이라 볼 수 있습니다. 이는 우거진 나무가 되어, 많은 이들의 피난처와 양분이 될 겁니다.

★ 트위터, 2016년 9월 20일

하느님 나라는 숨겨진 씨앗처럼 우리 사이에 있습니다. 순수한 눈으로 보는 자는 거기서 돋아나는 싹을 볼 수 있습니다.

★ 트위터, 2017년 1월 28일

땅에 흩뿌린 낟알이나 작은 씨앗을 생각해 봅시다. 씨앗이 닫혀 있다면, 아무 일도 생기지 않습니다. 반대로 씨앗에 금이 가고 열리면, 이삭에 생기가 돌아 싹이 돋아나고, 어느 순간다 큰 식물이 됩니다. 그러면 열매를 맺게 됩니다.

예수님은 세상에 새로운 희망을 가져오셨습니다. 그러고는 씨앗처럼 사셨습니다. 밀의 낟알처럼 스스로를 아주 작고 작은 존재로 자리매김하셨습니다.

★ 교황과의 만남, 2017년 4월 12일

예수님은 씨를 뿌리는 분입니다. 그분은 자신을 거칠게 드러내지 않고, 부드럽게 드러냅니다. 우리를 억압하며 이끌지 않고, 스스로를 내어주며 우리 마음을 사로잡습니다. 그저 씨앗을 뿌립니다. 예수님께서는 인내하시며, 관대함을 보이시며 말씀을 흩뿌립니다. 그 말씀은 동물을 가두는 우리나 덫이 아니라 열매를 맺을 수 있는 씨앗입니다.

주님의 말씀은 어떻게 결실을 맺을 수 있을까요? 우리가 그 말씀을 받아들이면 됩니다. 그러니 이 비유는 무엇보다 우리의 이야기입니다. 씨 뿌리는 자보다는 그 땅에 대해 이야기하고 있기 때문입니다. 예수님께서는 말씀의 씨앗이 떨어지는 땅, 즉 우리 마음을 '영적인 엑스레이'로 찍고 계십니다.

★ 삼종 기도, 2017년 7월 16일

비통함을 느낄 때도 여전히 선을 행하는 사람들을 신뢰하십시오. 그들의 겸손 속에 새 세상의 씨앗이 있습니다.

★ 트위터, 2017년 10월 8일

성령은 우리를 성장하게 하고, 때가 되면 열매를 맺도록 합니다.

하느님 나라는 항상 놀랍습니다. 그것은 뜻밖의 순간에 주님이 주시는 선물입니다. 하느님 나라는 눈길을 끌며 나타나지 않습니다. 그것은 화려한 볼거리가 아닙니다. 자랑스레 떠벌리며 모습을 보이지도 않습니다. 떠들썩하게 알리는 걸 좋아하지 않기 때문입니다. 하느님 나라는 수수하면서도, 눈에 보이지 않은 채 열매를 맺어 갑니다.

★ 산타 마르타의 집 강론, 2017년 11월 16일

우리는 모두 "나는 새싹이야."라고 말할 수 있습니다. 맞습니다. 하지만 우리 자신 때문이 아니라 우리를 성장케 하는 씨앗 덕분입니다.

그럼 우리는 무엇을 해야 할까요? 물을 주고, 또 줘야 합니다. 씨앗이 자라면 성령이 충만하게 되기 때문입니다. 이 씨앗에 어떻게 물을 줄 수 있을까요? 자신을 사랑하십시오. 씨앗을 소중히 여기고, 이제 막 자라나기 시작한 싹을 돌봐야 합니다. 주님이 우리에게 주신 소명을 늘 염두에 둬야 합니다. 어린아이, 병든 사람, 어르신을 돌보는 것처럼 말입니다.

★ 담화, 2017년 12월 2일

그날 예수님께서 산에 올라가셔서 많은 군중 앞에서 말씀하셨습니다.

제자들은 예수님 곁에 빙 둘러앉았습니다. 가장 친한 친구인 것처럼 가깝게 말입니다.

스승이신 예수님은 제자들에게 복을 받는 이들이 누구인지 알려 주고, 이렇게 말씀하셨습니다.

"여러분은 세상의 소금입니다. 그러나 소금이 제맛을 잃으면 무엇으로 다시 짜게 할 수 있겠습니까? 아무 쓸모가 없으니 밖에 버려져 사람들에게 짓밟힐 따름입니다."

★ 〈마태오 복음서〉 5장 13절의 이야기

소금은 잘만 사용되면, 본연의 맛이 느껴지지 않습니다. 소금은 다른 재료의 맛을 바꾸지 않습니다. 오히려 각 재료의 풍미를 느끼게 해 요리의 감칠맛을 높입니다. 이는 그리스도교의 독창성입니다. 우리가 신앙을 전할 때, 마치 소금과 같아야 합니다. 신앙을 받아들이는 사람들마다 저마다의 특성을 잃지 않은 채 신앙을 수용하도록 해야 합니다. 소금이 음식 본연의 맛을 해치지 않는 것처럼 말입니다.

★ 산타 마르타의 집 강론, 2013년 5월 23일


더 이상 세상의 소금 역할을 하지 않는 그리스도인을 만나면 슬픔이 밀려옵니다. 소금이 제맛을 잃으면, 아무런 쓸모가 없다는 걸 우리는 잘 압니다. 믿음의 사람들이 소금의 맛을 잃은 까닭은 그들이 세상의 정신에 취했기 때문입니다.

★ 삼종 기도, 2014년 8월 31일


신앙의 기쁨 속에 사는 가정은 자연스럽게 신앙을 소재로 이야기를 나눕니다. 이런 가정이 이 땅의 소금이고, 세상의 빛이며, 사회 전체의 누룩입니다.

★ 삼종 기도, 2015년 12월 27일

버려지는 쓰레기, 발끝에 채이는 쓸모없는 물건, 박물관의 전
시품, 벽장 깊숙이 처박아 놓아 잊혀진 물건. 소금이 이런 신
세가 되지 않으려면 두루 사용돼야 하는 것처럼, 그리스도인
은 헌신하며, 다른 이들의 삶에 풍미를 더해야 합니다. 모름
지기 그리스도인이라면 자신을 지키기보다 바쳐야 합니다.
소금은 스스로를 희생할 때 소금이 됩니다. 이는 그리스도인
의 또 다른 자세입니다. 자신을 희생하는 것, 타인의 삶을 변
화시키는 것, 복음의 메시지로 수많은 것들이 달라지게 하는
것 등이 그것입니다.

★ 산타 마르타의 집 강론, 2016년 6월 7일


소금은 양을 늘려 가며 소명을 다하지 않습니다. 소금이 너무
많아지면 파스타가 매우 짭니다. 소금은 자신의 '영혼', 즉 질
을 지키면서 맡은 임무를 다합니다. 따라서 소금에게 주어진
가장 큰 과제는 본연의 '유효 성분'을 잃지 않으려 노력하는
것입니다.

★ 담화, 2017년 2월 4일



소금은 음식의 맛을 더합니다. 냉장고가 없었던 예수님 시대

에 소금은 음식이 변하거나 썩는 것을 막고 보존하는 역할을 했습니다! 그러므로 사회에서 그리스도인의 사명은 주님이 주신 믿음과 사랑으로 삶에 '풍미'를 더하는 것이어야 합니다. 동시에 이기심, 질투, 비방과 같은 세균을 멀리해야 합니다. 이것들은 우리 공동체를 파멸로 몰아갑니다. 그게 아니라 우리 사회는 환대, 연대, 화해로 가득 찬 장소로 빛나야 합니다.

★ 삼종 기도, 2017년 2월 5일

소금을 손에 쥐고 있지만, 자신을 위해 쓸 뿐 타인과 나누지 않는 이들이 있습니다. 그리스도인이 된다는 것은 복음과 사람이 상하지 않도록 깨우치고 도움을 주는 일입니다. 소금처럼 말입니다.

★ 산타 마르타의 집 강론, 2017년 6월 13일

산 위의 빛

LA LUCE SUL MONTE

같은 날 예수님께서 비유를 사용하시면서 제자들에게 계속해서 말씀하셨습니다.

"여러분은 세상의 빛입니다. 산 위에 자리 잡은 마을은 감추어질 수 없습니다. 등불은 켜서 함지 속이 아니라 등경 위에 놓습니다. 그렇게 하여 집 안에 있는 모든 사람을 비춥니다. 이와 같이 여러분의 빛이 사람들 앞에 비추어, 그들이 여러분의 착한 행실을 보고 하늘에 계신 여러분의 아버지를 찬양하게 하십시오."

★ 〈마태오 복음서〉 5장 14~16절의 이야기

세상의 빛이 되는 일은 얼마나 아름다운 소명인가요! 예수님께 받은 빛을 간직하고, 가슴에 새기는 일은 정말 멋집니다. 그리스도인이라면 항상 빛을 발하는 밝은 사람이어야 합니다. 그러나 그 빛은 인간 자신의 것이 아닙니다. 하느님의 선물이고, 예수님의 선물입니다. 여러분은 어떻게 살고 싶나요? 빛나는 등불, 아니면 꺼진 등불? 빛나는 등불처럼 사시길 바랍니다!

★ 삼종 기도, 2014년 2월 9일

어떤 그리스도인이 하느님의 빛을 드러내려 하지 않고, 자신의 어둠을 더 좋아한다면, 뭔가를 놓치고 있는 겁니다. 그는 온전한 그리스도인이라 할 수 없습니다. 빛을 두려워하니 마음 한구석이 번잡하고, 어둠이 가슴에 스며듭니다.

★ 산타 마르타의 집 강론, 2016년 1월 28일

그리스도인에게 무엇이 기름인가요? 그리스도인에게 빛을 만들어내는 건전지는 무엇인가요? 오직 기도뿐입니다. 여러분들은 많은 일을 할 수 있습니다. 사업도 할 수 있고, 자선을 베풀 수도 있습니다. 교회, 대학, 병원을 위해 위대한 일을 많

이 할 수 있습니다. 그러면 교회는 후원자인 여러분의 행적을 기리기 위해 기념비를 세워 줄 겁니다. 하지만 이 모든 것들은 기도가 없다면 빛나지 않을 겁니다. 빛과 기도의 부족으로 얼마나 많은 일들이 어두워지나요?

★ 산타 마르타의 집 강론, 2016년 6월 7일

어떻게 이 빛이 감춰질 수 있나요? 어떻게 빛을 감춰서 환하지 못하게 할 수 있나요?

선을 베풀 수 있을 때, 행하십시오. 누구나 선행을 받을 자격이 있습니다. 우리 모두는 주님의 자녀이기 때문입니다. 우리에게 선함을 주신 그분 말입니다.

이와 반대로, 선을 행할 수 있음에도 실천하지 않는 이는 빛을 덮고 어둡게 할 뿐입니다.

★ 산타 마르타의 집 강론, 2016년 9월 19일

어떤 사람이 환한 빛을 낼 때, 보통 "이 사람은 태양처럼 빛나."라고 말합니다. 이때 우리는 예수님 안에서 모든 약속을 이뤄 가시는 하느님의 빛과 마주하는 겁니다.

★ 산타 마르타의 집 강론, 2017년 6월 13일

그리스도인이 진정한 '크리스토-포로(Cristo-foro)●', 즉 세상에 '예수님을 전하는 사람'이 된다면 얼마나 큰 은총입니까! 특히 죽은 이를 애도하거나, 절망에 빠져 있거나, 어둠 속에서 증오를 품은 이들에게 그리스도를 전할 때 더욱 그렇습니다. 그리스도인이 예수님의 복음을 전할 수 있을지는 사소한 것들을 통해 확인할 수 있습니다. 그리스도인의 반짝이는 눈빛, 마음이 정말 복잡한 시기에도 변치 않는 그리스도인의 평온함, 끊임없이 실망을 맛볼 때조차 다시 타인을 사랑하려는 마음을 보면 알 수 있습니다.

훗날 우리 시대의 역사를 쓸 때, 우리를 어떻게 말할까요? 희망을 전했다고 말할까요, 아니면 빛을 바구니 밑에 숨겼다고 말할까요?

★ 교황과의 만남, 2017년 8월 2일

예수님은 어둠 속에서도 빛나는 빛을 우리에게 선물해 주셨습니다. 그 빛을 보호하고 품으십시오! 그 빛은 여러분의 삶

---

● 고대 그리스어로 'Chritus'는 '그리스도', 'Phero'는 '전하는 자'라는 의미다.

에 주어진 가장 큰 재산입니다.

★ 트위터, 2017년 10월 23일

사랑은 부정적인 상황에서도 선(善)을 분별할 줄 알고, 어두운 한밤중에도 작은 불꽃을 지킬 줄 압니다.

★ 트위터, 2018년 6월 1일

빛은 자신을 위해 빛나지 않습니다. 빛은 주변을 환하게 하죠. 다른 이들을 위한 것입니다. 빛은 칠흑같은 밤에 우리를 돕습니다. 이것이 바로 매일 그리스도인이 사는 방식입니다.

★ 산타 마르타의 집 강론, 2018년 6월 12일

예수님께서 당신의 말에 귀를 기울이는 이들에게 '주의 기도'를 가르치셨던 그날, 그들에게 이야기 하나를 하셨습니다.

어느 현명한 사람이 있었습니다. 그는 반석 위에 집을 지었습니다. 어느 날 비가 내려 강이 범람했고, 또 바람이 불어 들이쳤습니다. 하지만 집은 무너지지 않았습니다. 그 집은 반석 위에 세워졌기 때문입니다.

어느 어리석은 사람이 있었습니다. 그는 모래 위에 집을 지었습니다. 어느 날 비가 내려 강이 범람했고, 또 바람이 불어 들이쳤습니다. 그러자 집이 무너졌습니다. 어리석은 자의 몰락은 엄청난 것이었습니다.

예수님께서는 "나의 이 말을 듣고 실행하는 이는 모두 자기 집을 반석 위에 지은 슬기로운 사람과 같을 것입니다."라고 말씀하셨습니다.

★〈마태오 복음서〉 7장 24~27절의 이야기

주님께서는 우리의 근본, 즉 그리스도인의 삶의 토대에 대해 말씀하십니다. 주님은 이 토대가 바로 반석이라고 하십니다. 우리는 집이든, 삶이든 그리스도라는 반석 위에 세워야 합니다. 주님은 우리를 안전케 하는 유일한 반석입니다. 그래서 우리는 그리스도라는 이 반석 위에 우리 삶을 지어 올려야 합니다. 다른 것 위에서는 불가능합니다. "비가 내리고, 강이 범람하며, 바람이 불어도" 반석 위에서는 안전합니다. 반면 말만 있으면, 말이 흩날리는 순간 아무런 쓸모가 없게 됩니다.

★ 산타 마르타의 집 강론, 2013년 6월 27일

무엇이든 사랑으로 하십시오. 그러면 여러분의 삶은 반석 위에 세워진 집과 같을 겁니다. 여러분의 길 역시 즐거울 겁니다. 곁에서 함께 걸어갈 친구들을 많이 만날 것이기 때문입니다.

★ 강론, 2013년 7월 25일

이것은 일종의 수학 방정식입니다. 말씀을 안다 – 이를 실천한다 – 반석 위에 선다.

★ 산타 마르타의 집 강론, 2013년 12월 5일

반석 위에 집을 짓는 자는 행복합니다. 반면 모래 위에 집을 세우는 자는 불행합니다. 모래에는 견고함이 없기 때문입니다.

★ 산타 마르타의 집 강론, 2014년 3월 20일

우리는 진실에 다가가고, 현실을 직시해야 합니다. 우리의 집, 즉 그리스도인의 삶을 반석 위에, 진실 위에 세워야 합니다. 반면 쭉정이 같은 삶을 사는 이들은 모래 위에 집을 세웁니다. 집이 무너지고, 신앙 생활이 위기를 맞고, 미끄러집니다. 유혹을 이겨낼 수 없기 때문입니다.

★ 산타 마르타의 집 강론, 2014년 9월 25일

반석 위에 여러분의 인생을 지어 올려야 하는 중요한 이유는 다음과 같습니다. 우리는 겉모습을 금과옥조로 여기며 살아가는 그리스도인을 수없이 봅니다. 한번의 유혹에, 그러니까 비가 내리면 사라질 그 겉모습을 말입니다. 강이 범람하고 바람이 불 때, 즉 유혹과 삶의 고난과 마주할 때, 겉모습만 신경 쓰는 그리스도인들은 무너질 수밖에 없습니다. 그 안에 실체가, 반석이, 그리스도가 없기 때문입니다. 하지만 하느님의 사람들 중에는 성인(聖人)들이 많이 있습니다. 이들은 자신의 삶을 예수님께 맞춰 갑니다. 십계명을 따르고, 예수님의 사랑을 실천합니다.

★ 산타 마르타의 집 강론, 2014년 12월 4일

언행이 일치한다고 해서 진정한 예언자가, 진정한 그리스도인이 되는 게 아닙니다. 결국 모든 게 무너질 겁니다. 그가 주님의 사랑이라는 반석 위에 서 있지 않기 때문입니다. '반석의 사람'이 아니기 때문입니다. 반대로 경청하는 법을 알고, 듣는 게 모든 일의 시작이라 여기는 사람은, 자신이 아니라 타인의 말의 힘으로 반석처럼 끄떡없는 상태가 됩니다. 그가 변변치 않을지도 모릅니다. 중요한 인물이 아닐 수도 있습니다. 하지만 실은 위대한 사람입니다. 교회에 이런 대단한 사람들이 얼마나 많은가요!

★ 산타 마르타의 집 강론, 2015년 6월 25일

우리는 스스로를 절대 반석으로 여기지 않습니다. 그저 작은 돌멩이라고 생각합니다. 그렇지만 아무리 작은 돌이라도 쓸모가 있습니다. 예수님 손안에서라면 세상에서 가장 작은 돌이라도 귀해집니다. 주님께서 그 작은 돌을 주워 너른 사랑의

눈길로 바라보시고, 성령으로 다듬어 가장 알맞은 자리에 돌을 놓으시기 때문입니다. 그 자리는 예수님께서 늘 염두에 두셨던 곳으로서, 전체 건물에서 그 돌멩이의 쓸모를 도드라지게 드러낼 수 있는 곳입니다.

★ 삼종 기도, 2017년 8월 27일


우리를 사랑하고 받쳐 주는 하느님 안에서 확고히 서 있으면, 삶의 모든 모순과 역경을 감내할 수 있습니다.

★ 트위터, 2018년 6월 30일

겨자씨

IL GRANELLO DI SENAPE

어느 날 어떤 사람이 아주 작은 겨자씨를 가지고 갔습니다. 자기 밭에 뿌리려는 것이었습니다.
그는 혹여 겨자씨를 떨어뜨릴까 봐 손에 꽉 쥐고 갔습니다. 얼마 후 그는 겨자씨를 땅에 뿌리고는 자리를 떠났습니다.
겨자씨는 모든 씨앗 중에서 가장 작습니다. 찾아본다 한들 세상에 더 작은 씨앗은 없습니다. 하지만 싹이 트고 자라면 어느 풀보다 더 커져서 하늘의 새들이 날아와 그 가지에 깃들일 만큼 큰 나무가 됩니다.

★ 〈마태오 복음서〉 13장 31~32절의 이야기

성령은 우리 안에서 역사하십니다. 마치 겨자씨처럼 일을 하십니다. 겨자씨는 크기는 작지만, 속은 생명과 힘으로 가득 차 있어서, 한 그루의 나무가 될 때까지 계속 성장합니다.

★ 산타 마르타의 집 강론, 2013년 10월 29일

하느님께서는 대단한 일에만 역사하시는 것처럼 보이지만, 사소한 일에도 함께하십니다. 우리의 티끌만한 일에도 함께하십니다.

★ 산타 마르타의 집 강론, 2014년 9월 8일

하느님 나라는 겨자씨처럼 하찮습니다. 하찮지만 성령의 힘으로 위대해집니다. 우리의 숙제는 이것입니다. 성령께서 찾아오셔서 우리의 영혼을 변하게 하시고, 침묵, 평화, 고요함, 하느님과의 친밀함, 타인과의 친밀함 속에서 우리가 성장할 수 있도록 마음을 여는 것입니다.

★ 산타 마르타의 집 강론, 2014년 11월 13일

씨앗이 땅에 뿌려지면, 농부가 잠들든 지켜보든 상관없이 뿌

리를 내려 스스로 잘 자란다는 사실에 주목해야 합니다. 농부는 씨앗에 내재된 힘과 땅의 비옥함을 믿습니다. 자그마한 씨가 땅에서 자라는 것처럼 말씀도 하느님의 힘을 통해서 듣는 자의 마음속에서 커 갑니다. 하느님께서는 우리 땅에, 즉 인간의 본질을 가진 우리 모두에게 말씀을 주셨습니다. 우리는 확신할 수 있습니다. 하느님 말씀에는 창조의 힘이 있고, 이삭이 무르익은 곡식이 되도록 하는 계획이 있기 때문입니다. 이 말씀을 받아들이면 결실을 맺을 수밖에 없습니다. 하느님께서는 늘 우리가 확인할 수 없고, 알 수 없는 방식으로 그 말씀이 움트고 무르익게 하시기 때문입니다.

★ 삼종 기도, 2015년 6월 14일

씨앗이 자기 안에 힘을 가진 것처럼 하느님 나라의 힘 역시 그 안에서 나옵니다. 힘도, 성장도 내부에서 시작됩니다. 이는 축구 팀이 성장하는 것과 다릅니다. 축구 팀은 팬이 많아지면 더욱 성장합니다. 하지만 씨앗은 날 때부터 가진 내부의 힘으로 자랍니다.

★ 산타 마르타의 집 강론, 2017년 10월 31일

씨앗은 계속해서 씨앗으로 남지 않습니다. 나무가 되어 모든 이와 새 들을 위한 보금자리가 됩니다.

작은 건 문제가 되지 않습니다. 사람들은 이렇게 생각할 수 있습니다. '작네, 정말 작아.' 그보다 과정이 중요합니다. 과정 중에 바로 변화가 발생합니다.

예수님께서는 하느님 나라를 겨자씨에 비유했습니다. 겨자씨는 매우 작지만, 텃밭 식물 중에서 가장 크게 성장합니다. 예상을 뛰어넘는, 놀라운 성장이지요. 우리가 예측할 수 없는 하느님의 생각 속에 들어가 이를 우리 삶에 받아들이는 게 쉽지 않습니다. 하느님은 언제나 놀라움의 하느님입니다. 주님은 항상 우리를 놀라게 하십니다.

★ 산타 마르타의 집 강론, 2016년 10월 25일


하느님 나라는 신비롭고 믿기 어려운 방식으로 이 세상에서 성장합니다. 바로 작은 겨자씨의 힘으로 커 갑니다.

★ 트위터, 2018년 8월 9일

누룩

IL LIEVITO

예수님께서는 이야기를 정말 좋아하시고, 또 많이 아셨는데,
제자들에게 또 다른 비유를 말씀하셨습니다.
"어떤 여자가 누룩을 가져다가 밀가루 서 말 속에 집어넣었
더니, 마침내 온통 부풀어 올랐습니다. 하늘나라는 이런 누룩
과 같습니다."

★ 〈마태오 복음서〉 13장 33절의 이야기

누룩은 부풀어 오르게 합니다. 질 좋은 누룩은 반죽이 차지고 영양분이 풍부하게 부풀게 해서 좋은 빵과 좋은 파스타 면이 되도록 합니다. 하지만 안 좋은 누룩은 반죽이 잘 부푸는 데 도움을 주지 못합니다.

어린 시절 사육제(謝肉祭)가 되면 할머니께서 만들어 주신 과자가 기억납니다. 먼저 아주 얇은 반죽을 만들고, 그 반죽을 기름에 튀기면, 점점 부풀고 또 부풀었습니다. 우리가 과자를 한 입 베어 물면, 과자 속은 텅 비어 있었습니다. 우리는 그 과자를 사투리로 '공갈(bugie)'이라 불렀습니다.

그 과자는 거짓말의 속성과 일맥상통합니다. 아주 커 보이지만 안에는 아무것도 없습니다. 진실도, 본질도 말입니다.

★ 산타 마르타의 집 강론, 2016년 10월 14일


누룩은 원래 형태를 유지하지 못합니다. 반죽을 발효해야 하기 때문입니다. 밀가루 속에서 자기만의 과정을 통해서 빵을 만들어냅니다. 마찬가지로 씨앗은 끝까지 씨앗으로 남아 있지 않습니다. 씨앗은 자신을 희생해 나무에 생명을 불어넣습니다.

누룩과 씨앗은 무언가에 '생명을 불어넣기 위해' 자신의 길을 갑니다. 누룩과 씨앗은 죽습니다. 누룩은 더 이상 누룩이 아

닙니다. 밀가루에 섞여 모두를 위한 빵이 되고, 모두를 위한 한 끼 식사가 됩니다.

★ 산타 마르타의 집 강론, 2016년 10월 25일

우리는 누룩이 반죽을 어떻게 부풀리는지 정확히 모릅니다. 하느님 나라도 그렇습니다. 그것은 우리 가운데에 있습니다. 자라는 씨앗처럼, 반죽 안의 누룩처럼 존재합니다.

★ 산타 마르타의 집 강론, 2016년 11월 10일

피자를 만들려고 누룩 500그램, 밀가루 100그램을 사용하는 피자 요리사를 본 적이 없습니다. 밀가루를 부풀리는 데에는 누룩이 조금 필요할 뿐입니다.

★ 담화, 2017년 3월 25일

누룩을 그냥 두면 아무것도 되지 않습니다. 누군가 누룩을 가지고 반죽을 해야 합니다. 밀 씨앗이 파종되지 않거나 누군가 누룩을 사용하여 반죽하지 않으면, 씨앗과 누룩 안에 있는 힘은 발현되지 못하고 그저 안에 머물 뿐입니다. 마찬가지로 우리가 욕심을 부려 밀을 쌓아 두기만 하면 밀은 변하지 않습니다. 또, 우리가 누룩을 생명의 밀가루와 섞어 반죽하지 않으면, 먹을 수 없는 누룩만 남을 뿐입니다.

따라서 우리는 희망에서 나오는 용기를 씨앗으로 뿌려 수확하고, 거기에 누룩을 섞어야 합니다.

★ 산타 마르타의 집 강론, 2017년 10월 31일


밀가루는 누룩의 힘 때문에 더 이상 밀가루가 아니라 빵이 됩니다. 누룩은 밀가루와 섞일 수 있습니다. 밀가루는 느낄 수 없을지라도, 밀가루가 치대지는 과정에서, 뜨거운 오븐 속에서 구워질 때, 고통이 있을 수밖에 없다는 걸 여러분은 알 겁니다.

★ 산타 마르타의 집 강론, 2016년 10월 25일

보물과 진주

IL TESORO E LA PERLA

예수님의 이야기를 듣는 게 너무 좋았던 사람들은 예수님의 뒤를 따라다녔습니다. 심지어 예수님께서 잠깐 휴식을 취하려고 어느 집에 들어가실 때조차 그랬습니다. 그들은 "또 다른 이야기를 해 주세요."라고 계속 청했습니다.

그때 예수님은 어떤 사람에 대해 말씀하셨습니다.

"그는 보물을 발견했는데, 그것을 다시 밭에 묻어 두었습니다. 그러고는 기뻐하며 돌아가서 자신의 소유를 모두 팔아 그 밭을 샀습니다."

예수님은 비슷하기는 하지만 똑같지 않은 이야기를 계속 이어 갔습니다.

"어떤 장사꾼이 값비싼 진주를 찾아 다니고 있었습니다. 어느 날 그는 시장 가판대에서 값진 진주 하나를 발견했습니다. 그는 돌아가 가진 것을 모두 팔아 진주를 샀습니다."

★ 〈마태오 복음서〉 13장 44~46절의 이야기

장례 행렬을 뒤따라가는 이삿짐 트럭을 본 적이 없습니다. 우리가 이 세상 마지막 날에 가지고 갈 수 있는 보물이 뭘까요? 타인에게 베풀었던 것, 단지 그것만 갖고 갈 수 있을 뿐입니다. 하지만 자신을 위해서 쌓아 둔 것은 가지고 갈 수 없습니다. 이러한 것들은 도둑이 훔쳐 가거나, 썩어 없어질 것들입니다. 그게 아니면 후손들이 가져가겠죠. 우리가 살면서 남에게 베푼 보물은 죽어서도 갖고 갈 것이고, 우리의 공적(功績)이 될 것입니다.

★ 산타 마르타의 집 강론, 2013년 6월 21일

하늘의 보물을 통해서만 자유의 마음을 가질 수 있습니다. 하늘의 보물은 사랑, 인내, 타인을 위한 봉사, 하느님에 대한 경배입니다. 이것들은 도둑맞지 않을 진정한 재산입니다. 돈, 허영심, 권력 등은 마음을 짓누르고, 쇠사슬로 동여매며, 마음에 자유를 주지 않습니다.

★ 산타 마르타의 집 강론, 2014년 6월 20일

숨겨진 보물, 가장 값진 진주는 하느님입니다. 농부와 장사꾼의 기쁨은 쉽게 이해됩니다. 그들은 보물을 찾은 겁니다! 그것은 우리가 삶 속에서 예수님의 존재와 친밀함을 발견할 때

느낄 수 있는 기쁨입니다. 우리 삶을 바꾸고 형제들에게 마음을 열게 하는 존재, 외국인과 이민자를 포함해서 다양한 삶의 형태를 기쁜 마음으로 받아들이게 하는 존재. 그것은 따뜻하고, 기쁨을 주는 비옥한 존재입니다. 바로 우리 안에 있는 하느님 나라입니다.

★ 강론, 2014년 7월 26일


보물과 진주는 다른 모든 재산 이상의 가치가 있습니다. 그런 까닭에 농부와 장사꾼은 그것을 손에 넣기 위해서 다른 모든 것들을 포기합니다. 논리적으로 판단하거나, 깊이 생각하거나, 뭔가를 고려할 필요가 없습니다. 그들은 찾는 물건이 둘도 없는 가치가 있다는 것을 바로 깨닫고, 그걸 얻기 위해 기꺼이 모든 것을 포기합니다. 하느님 나라도 마찬가지입니다. 하느님 나라를 발견한 사람은 의심할 여지없이 본인이 구하고, 기다리고, 진정으로 열망하던 것을 이제 찾았다고 느낍니다. 정말 그렇습니다. 예수님을 알고, 개인적으로 만나는 경험을 하면, 어마어마한 겸손함과 소박함 속에서 무한한 선함, 진실, 아름다움이 존재할 수 있다는 사실에 마음을 빼앗기고 매료됩니다. 예수님을 찾는 것, 예수님을 만나는 것. 이것이 가장 큰 보물입니다!

★ 삼종 기도, 2014년 7월 27일

예수님께서 비유를 통해 하느님 나라가 어떤 곳인지 이야기하실 때, 항상 맑고 평온한 말을 쓰셨습니다. 또한 하느님 나라가 숨겨져 있다는 사실을 이야기하셨습니다. 예수님은 하느님 나라를, 귀한 진주를 찾아 여기저기 떠돌아다니는 장사꾼이나, 땅에 묻힌 보물을 찾는 사람에 비유하셨습니다.

★ 산타 마르타의 집 강론, 2014년 11월 13일

하느님 나라는 모두에게 열려 있습니다. 그건 선물이고, 은혜입니다. 하지만 하느님 나라는 별로 힘들이지 않고 얻을 수 있는 게 아닙니다. 열정적인 노력이 필요합니다. 하느님 나라를 찾기 위해 걸어야 하고, 분주히 움직여야 합니다.

뭔가를 찾기 위해서는 발견하려고 계속 노력하는 태도가 꼭 필요합니다. 보물을 얻으려는 강한 갈망으로 마음이 불타올라야 합니다. 그래야 예수님을 통해 구현되는 하느님 나라를 찾을 수 있습니다. 예수님은 숨겨진 보물이며, 매우 값진 진주입니다.

★ 삼종 기도, 2017년 7월 30일

우리 모두는 보물입니다. 하느님께서 각자에게 맞는 방식으로 키워 주셨습니다.

★ 트위터, 2018년 3월 21일


오직 하느님만이 우리에게 진정한 행복을 줄 수 있습니다. 부(富), 육체의 쾌락, 권력에서 찾는 행복은 소용없습니다.

★ 트위터, 2018년 4월 26일

무자비한 종

IL SERVO CATTIVO

자기 종들과 셈을 하려는 왕이 있었습니다. 왕이 셈을 하기 위해서 종들을 만나기 시작하자마자, 엄청난 액수인 만 탈렌트나 빚을 진 사람이 끌려왔습니다.

그는 돈이 한 푼도 없어서 빚을 갚을 수가 없었습니다. 그러자 왕은 "네 몸, 아내와 자식들, 그 밖에 네가 가진 것을 모두 팔아서 빚을 갚으라."라고 명령했습니다. 그러자 그 종이 엎드려 왕에게 절하며 이렇게 말했습니다. "제발 참아 주십시오. 제가 다 갚겠습니다." 왕은 종이 가엾은 마음이 들어, 그를 놓아주고 빚도 탕감해 주었습니다.

그런데 그 종은 나가자마자 자기에게 백 데나리온을 빚진 동료를 만났습니다. 그러자 동료의 멱살을 숨이 막힐 정도로 꽉 잡고는 소리를 질렀습니다.

"내 빚을 모두 갚아라!"
동료는 엎드려 그 종에게
싹싹 빌며 애원했습니다. "제 발 참아 주게. 내가 모두 갚 겠네."
그러나 그 종은 마음을 바 꾸지 않았습니다. 오히려

동료가 빚을 갚을 때까지 감옥에 가두었습니다.

이 광경을 본 다른 종들은 너무 슬프고 안타까워 왕을 찾아가 그 일을 죄다 일렀습니다.

그러자 왕은 그 종을 불러들여 말하였습니다. "이 악한 종아, 네가 애걸하여 내가 너의 모든 빚을 탕감해 주었다. 그렇다면 너 역시 네 동료에게 자비를 베풀어야 하지 않느냐? 내가 너에게 자비를 베푼 것처럼 말이다."

화가 난 왕은 그 종을 고문 형리에게 넘기고는 모든 빚을 갚게 했습니다.

★ 〈마태오 복음서〉 18장 23~35절의 이야기

주님은 언제나 우리를 용서해 주시고, 항상 우리와 함께하십니다. 우리가 용서를 받고 주님과 동행하려면 우리의 행동이 중요합니다.

★ 트위터, 2014년 8월 30일

우리는 어디까지 용서할 수 있을까요? 그 답은 예수님께서 말씀하신 '악한 종'의 비유에서 찾을 수 있습니다. 막대한 빚을 진 종은 자비로운 왕에게 빚을 탕감 받고 기뻐하며 떠납니다. 그리고 자기에게 빚진 동료에게 빚을 갚으라 종용하며 용서하지 않습니다. 이 비유는 아주 명쾌하게 이야기합니다. '내가 용서하지 못하면, 용서를 구할 수도 없다.'

★ 산타 마르타의 집 강론, 2015년 3월 10일

"저희에게 잘못한 이를 저희도 용서하였듯이 저희 잘못을 용서하시고." 이 말은 다음과 같은 의미입니다. "당신이 용서하지 못하는데 어떻게 하느님이 당신을 용서할 수 있나요?" 하느님은 당신을 용서하고 싶습니다. 하지만 자비가 비집고 들어갈 틈조차 없이 마음이 닫혀 있으면 그럴 수 없습니다. 누군가는 반론을 제기할 지도 모릅니다. "하느님 아버지, 제가 용서는 해요. 하지만 제가 당했던 나쁜 일은 잊을 수 없어요…."

그럼 "주님, 제가 잊을 수 있게 도와주세요."라고 구하는 게 정답입니다.

★ 산타 마르타의 집 강론, 2016년 3월 1일

종은 많은 것을 용서받았지만, 그는 아무것도 이해하지 못했습니다. 곤경에서 잘 벗어났고, 마음의 짐을 털어버렸지만 왕의 너그러움을 이해하지 못했습니다.

종은 왕 앞에서 물러나면서 속으로 '죽다 살아났네! 난 역시 똑똑해!'라고 생각했을 겁니다. 이는 용서받는 태도가 아닙니다. 이는 위선입니다. 용서를 훔치는 일이며, 가짜 용서입니다. 이런 태도를 가진 이는 남을 용서하지 못하고, 그럴 능력도 없습니다. 자신은 용서받고도 동료를 용서하지 못한 위선적인 종과 같습니다.

★ 산타 마르타의 집 강론, 2017년 3월 21일

비유에 등장하는 왕은 관대한 사람입니다. 애원하는 종에게 연민을 느낀 그는 어마어마한 빚을 탕감해 줍니다.

그러나 그 종은 자기한테 훨씬 적은 돈을 빚진 또 다른 종을 만나자마자 무자비하게 대합니다. 그를 감옥에 가둡니다. 이 종의 모순된 행동은 우리의 자화상입니다. 바로 우리가 형제에게 용서를 베풀기를 거부할 때의 모습입니다. 반대로 이 비유 속 왕은 하느님의 형상입니다. 은혜 넘치는 사랑으로 우리를 보듬는 그분입니다. 우리를 계속 반기고, 사랑하고, 용서해 주는 하느님입니다.

★ 삼종 기도, 2017년 9월 17일

낙타

IL CAMMELLO

예수님께서는 불가능한 이야기를 하는 것도 좋아하셨습니다. 낙타가 바늘구멍으로 들어갈 수 있나요?
"부자가 하느님 나라에 들어가는 것보다 낙타가 바늘구멍으로 빠져나가는 것이 더 쉽습니다."

★ 〈마태오 복음서〉 19장 24절의 이야기

소유 욕심으로 가득 찬 마음에는 하느님께서 들어갈 자리가 없습니다. 이 때문에 예수님께서는 부자들에게 계속 경고하셨습니다. 하느님 안에서만 찾을 수 있는 안위를 세상의 재물에서 찾는 건 매우 위험하기 때문입니다. 부에 대한 욕망에 사로잡힌 마음에는 신앙을 위한 자리가 별로 없습니다. 반대로 하느님을 위한 자리를 최우선으로 여긴다면, 그 사랑 때문에 남들과 재산을 나누게 되고, 타인과 연대하고 공동체의 발전을 위해 자신이 가진 것을 내어놓게 됩니다.

★ 삼종 기도, 2014년 3월 2일

부유한 사람이라면 누구나 "행복하여라, 마음이 가난한 사람들!"이라는 첫 번째 진복팔단(眞福八端)*을 염두에 둬야 합니다. 소유에 대한 집착에서 벗어나서 하느님이 주신 부유함을 공공의 선을 위해 사용하도록 노력해야 합니다. 이를 위해 우리는 손을 펼치고, 마음을 열고, 시야를 열어야 합니다. 하지만 손을 접고, 마음을 닫으며, 시야가 닫혀 있다면 남들이 필

---

●  　진복팔단(眞福八端)은 예수님께서 산상 설교에서 말씀하신 여덟 가지 행복을 이르는 말로서, 〈마태오 복음서〉 5장 1~12절에 그 내용이 담겨 있다.

요한 게 무엇인지 알 수 없습니다. 그렇게 되면 여러분은 끝내 하느님에게서 멀어질 수밖에 없을 겁니다.

★ 산타 마르타의 집 강론, 2015년 5월 25일

하느님은 적게 주는 것을 모르십니다. 뭔가를 주실 때, 자신의 모든 것을 주시기 때문입니다.

★ 산타 마르타의 집 강론, 2017년 2월 28일

복음을 따라서 살기 위해선 종종 불편을 감수해야 합니다. 예수님을 따르는 사람들은 가난하고 비천한 이들을 사랑하기 때문입니다.

★ 트위터, 2018년 5월 26일

포도밭의 일꾼들

GLI OPERAI NELLA VIGNA

어느 이른 아침, 포도밭 주인이 집을 나섰습니다. 자기 포도밭에서 일할 일꾼들을 찾으러 나간 것이었습니다. 필요한 일꾼들을 찾은 포도밭 주인은 그들에게 하루 품삯으로 한 데나리온을 주기로 약속했습니다. 그들은 아침부터 포도원에서 일하기 시작했습니다.

포도밭 주인은 아홉 시쯤에 다시 나가서, 광장에서 놀고 있는 사람들을 봤습니다. 그는 그들을 불러서 이렇게 말했습니다. "당신들도 포도원에 가서 일하시오. 그러면 정당한 삯을 주겠소." 그들은 맨 처음에 온 품꾼들과 함께 일하기 시작했습니다.

포도밭 주인은 열두 시와 오후 세 시에도 나가서 똑같이 행동했습니다. 다른 일꾼들을 불러서 자기 포도밭으로 보냈습니다.

오후 다섯 시에 다시 나가서 할 일 없이 서 있는 사람들을 또 발견했습니다. 포도밭 주인이 그들에게 말했습니다. "당신들은 왜 여기서 하루 종일 놀고 있소?"

그들은 "오늘 우리를 일꾼으로 쓰

는 이가 없기 때문입니다."라고 대답했습니다. 포도밭 주인은 그들을 일꾼으로 삼았습니다. "당신들도 내 포도밭에 가서 일하시오. 정당한 삯을 받을 것이오."

해가 저물자 포도밭 주인은 자기 관리인에게 말했습니다. "일꾼들을 불러 맨 나중에 온 사람들부터 품삯을 주시오. 그런 다음 맨 먼저 온 사람들에게 주시오."

오후 다섯 시쯤부터 일한 이들이 와서 한 데나리온씩 받았습니다. 이른 아침 맨 처음부터 일한 사람들은 차례가 되자 자기들이 품삯을 더 많이 받으려니 했지만, 그들도 한 데나리온씩만 받았습니다. 그들은 화가 나서 포도밭 주인을 원망했습니다. "나중에 온 저자들은 한 시간밖에 일하지 않았는데도, 뙤약볕 아래에서 온종일 고생한 우리와 똑같이 대우하시는군요."

포도밭 주인은 "이보시오. 내가 당신에게 잘못한 것은 없다오. 당신은 나와 품삯을 한 데나리온으로 정하지 않았소? 당신 품삯이나 가지고 가시오. 나는 맨 나중에 온 이 사람들에게도 당신에게 준 만큼의 품삯을 주고 싶소. 내 것을 내 마음대로 처리하는 것이 잘못이란 말이오?"

예수님께서 이 이야기를 하신 후에 이렇게 결론을 내리셨습니다. "이처럼 꼴찌가 첫째가 되고, 첫째가 꼴찌가 될 것입니다."

★ 〈마태오 복음서〉 20장 1~16절의 이야기

포도밭 주인은 한 번만 밖에 나간 게 아니었습니다. 이 비유에서 예수님께서는 포도밭 주인이 최소한 다섯 번을 나갔다고 말씀하셨습니다. 포도밭에서 일손이 매우 필요해지자 이 신사적인 주인은 마을의 길과 광장에서 일꾼들을 찾는 데 거의 모든 시간을 보냅니다. 마지막까지 남아 있던 일꾼들을 생각해 보십시오. 어느 누구도 그들을 부르지 않았습니다. 결국 그들은 집에 있는 아이들에게 먹일 만한 어느 것도 가져가지 못할 겁니다. 누가 그들의 마음을 헤아릴 수 있을까요?

★ 담화, 2014년 9월 19일

역사상 수많은 성자와 성녀 들이 존재하심에 하느님께 찬미합시다. 그들은 보통의 남자와 여자 들이었고, 순박한 사람들이었습니다. 때로는 세상이 보기에는 '꼴찌'였지만, 하느님께서 보시기에는 '첫째'였습니다.

★ 삼종 기도, 2014년 11월 1일

하루의 끝이 보이자, 주인은 모든 일꾼들에게 똑같이 돈을 나눠 주라고 지시합니다. 심지어 단 몇 시간만 일한 일꾼들에게도요. 물론 맨 처음 고용된 일꾼들은 일을 덜한 사람들과 같

은 돈을 받는다는 사실에 불만을 터트립니다.

하지만 주인은 그들이 처음 약속한 대로 받았다는 것을 기억하라고 일깨웁니다. 혹시 자신이 다른 이들에게 더 많이 베풀고 싶어 해도, 맨 처음 고용된 이들이 이를 질투하면 안 된다고 말합니다.

실은 이 비유를 듣는 사람들은 포도밭 주인의 '불공평한 처사'를 접하면 한 단계 더 발전할 수 있습니다. 예수님께서는 노동 문제나 정당한 삯을 두고 말씀하고 싶은 게 아니라, 하느님 나라에 대해서 말씀하길 원하시기 때문입니다!

이 비유의 메시지는 이겁니다. '하느님 나라에서 일하지 않는 사람은 없다. 모두가 직분을 다해야 한다!'

★ 삼종 기도, 2017년 9월 24일

하느님께서는 사회 주변부에 있는 이들을 마음에 두고 계십니다. 그들은 하느님의 선물, 즉 예수님께서 처음으로 구원하실 사람들입니다. 예수님께서는 약하고 천대받는 사람들과 친구가 되십니다. 이 우정은 오랜 시간에 걸쳐 계속되고 있고, 더 나은 미래에 대한 희망을 키웁니다.

★ 교황과의 만남, 2017년 12월 27일

탈렌트

I TALENTI

어떤 사람이 여행을 떠나면서 종들을 불러 재산을 맡겼습니다. 각자의 재능에 따라, 한 사람에게는 다섯 탈렌트[*], 다른 사람에게는 두 탈렌트, 또 다른 사람에게는 한 탈렌트를 주고 여행을 떠났습니다.

다섯 탈렌트를 받은 이는 곧바로 가서 그 돈을 활용하여 다섯 탈렌트를 더 벌었습니다. 두 탈렌트를 받은 이도 그렇게 하여 두 탈렌트를 더 벌었습니다. 그러나 한 탈렌트를 받은 이는 물러가서 땅을 파고 주인의 돈을 감추었습니다.

시간이 오래 지나고 종들의 주인이 돌아와서, 그들과 셈을 하게 됐습니다. 다섯 탈렌트를 받은 이가 주인에게 자랑스레 다섯 탈렌트를 더 보여 주면서 이렇게 말했습니다. "주인께서 제게 다섯 탈렌트를 맡기셨는데, 보십시오, 다섯 탈렌트를 더 벌었습니다."

주인이 "잘하였구나, 착하고 성실한 종아! 너와 기쁨을 나누겠

---

[*] 탈렌트는 문자적으로 말한다면 당시 화폐로 사용되던 금과 은을 말한다. 1금(金)의 탈렌트는 약 1만 5,000달러, 1은(銀)의 탈렌트는 약 1,000달러다. 예수님께서 금과 은 중 어떤 탈렌트를 말씀하신 것인지는 모르지만, 중요한 것은 어떤 가치 있는 것을 맡기셨다는 것이다. 이탈리아어로 탈렌토(talento)는 '재능(talento)'이라는 말과 발음과 쓰는 방법이 똑같다.

다."라고 말하고, 종에게 열 탈렌트를 다 가지라고 했습니다.

그다음 두 탈렌트를 받았던 이가 왔습니다. "주인님, 제게 두 탈렌트를 맡기셨는데, 보십시오, 제가 두 탈렌트를 더 벌었습니다."라고 말했습니다.

주인은 "잘하였구나, 착하고 성실한 종아! 너와 기쁨을 나누겠다."라고 말하고, 종에게 네 탈렌트를 다 가지라고 했습니다.

마지막으로 한 탈렌트만 받았던 종이 와서 말했습니다. "주인님, 저는 주인께서 무서운 분이라는 걸 알고 있었습니다. 심지 않은 데서 거두시고, 뿌리지 않은 데서 모으시죠. 그래서 제가 두려움을 느껴 주인님의 탈렌트를 땅에 감추었습니다. 보십시오, 여기 그 돈이 그대로 있습니다."

주인이 대답했습니다. "악하고 게으른 종아! 내가 심지 않은 데서 거두고, 뿌리지 않은 데서 모으는 줄로 알고 있었다면, 내 돈을 돈 쓸 사람에게 꾸어 주었다가 그 돈에 이자를 붙여서 돌려주어야 할 것이 아니냐?"

주인은 그 종에게서 한 탈렌트를 빼앗아 열 탈렌트를 가진 종에게 주기로 결정했습니다. 그리고 그 쓸모없는 종을 집 밖으로 내쫓았습니다.

★ 〈마태오 복음서〉 25장 14~30절의 이야기

하느님께서 여러분에게 주신 재능에 대해서 생각해 본 적이 있나요? 그 재능을 남을 위해서 어떻게 쓸 수 있을지 생각해 봤나요? 여러분의 재능을 땅속에 감추어 두지 마십시오!

거대한 이상들에 도전하세요. 마음을 넓히는 이상들, 여러분의 재능이 결실을 맺게 할 봉사와 관련된 이상들. 우리 삶은 자신만 빈틈없이 지키라고 주어진 게 아닙니다. 타인과 삶을 나누라고 주어진 것입니다.

★ 교황과의 만남, 2013년 4월 24일

사랑하는 젊은이 여러분, 하느님이 주신 재능을 땅에 묻지 마십시오! 큰 꿈 꾸는 것을 두려워하지 마십시오!

★ 트위터, 2013년 4월 26일

보통 '탈렌트(talent)'라는 말은 개인의 재능, 예를 들어 음악, 스포츠 등에서의 재능을 의미하지만, 이 비유에서 탈렌트는 주님의 재산을 상징합니다. 이것은 주님께서 우리에게 맡기신 겁니다. 우리가 결실을 맺을 수 있도록 말입니다. 주님께서는 모두에게 동일한 재능을, 똑같은 방식으로 주지 않으십니다. 주님은 우리 개개인을 잘 아시기에 각각에게 딱 맞는

것을 맡기십니다. 하지만 모든 사람들이 똑같이 갖고 있는 게 있습니다. 바로 거대한 신뢰입니다. 하느님께서는 우리를 신뢰하십니다. 하느님은 우리에게 희망을 가지고 계십니다! 이는 모든 사람에게 똑같이 해당되는 것입니다. 우리는 하느님을 실망시키지 말아야 합니다! 두려움에 속지 말고, 하느님께 받은 신뢰에 자신감 있게 화답합시다!

★ 삼종 기도, 2014년 11월 16일

하느님께서는 우리를 귀하게 여기십니다. 이를 깨달으면 우리는 모든 행동에 책임감을 느끼게 됩니다. 그래서 탈렌트의 비유를 들으면, 우리가 개인적 책임감과 충실함을 가져야 한다고 생각하게 됩니다. 하느님이 우리에게 맡기시고 나중에 결산하자고 하실 "재능을 땅에 묻지만 않는다면", 이 개인적 책임감과 충실함 덕분에 우리는 끊임없이 새로운 길에 도전할 수 있게 될 겁니다.

★ 삼종 기도, 2017년 11월 19일

재능, 에너지, 시간을 오로지 자신을 구하고 보호하며 성취하는 데 사용한다면, 정말로 길을 잃고, 슬프고 무익한 삶을 살게 될 겁니다. 예수님처럼 우리도 주님을 위해서 살고, 그 사랑 위에 우리 삶을 쌓아야 합니다! 그러면 진정한 기쁨을 맛볼 것이고, 우리 삶은 무익하지 않을 것이며, 결실을 맺게 될 것입니다.

★ 삼종 기도, 2017년 9월 3일

비유에서 한 종은 구덩이에 탈렌트를 감추고는 자신의 행위를 이렇게 변명합니다. "제가 두려워서 주인님의 돈을 땅에 감추었습니다." 그 사람은 미래를 위해 재능을 투자하는 방법을 모릅니다. 두려움의 영향을 받았기 때문입니다.

오늘날 세상 곳곳에는 두려움이 넘쳐납니다. 동격인 분노 역시 그렇습니다.

두려움은 오래된 병입니다. 성경에도 '두려워하지 말라'는 요청이 자주 등장합니다

★ 담화, 2018년 3월 11일

착한 사마리아인

IL BUON SAMARITANO

예수님을 따르는 제자들이 이제 많아졌습니다. 예수님께서는 그들에게 이 이야기를 전하셨습니다.

어떤 사람이 예루살렘에서 예리코로 내려가다가 강도들을 만났습니다. 강도들은 그의 옷을 벗기고, 두들겨 패서 초주검으로 만들어 놓고 떠났습니다.

마침 어떤 사제가 바로 그 길로 내려가다가 그 사람을 보고서는, 길 반대쪽으로 지나가 버렸습니다.

회당에서 일하는 어느 레위인도 거기까지 왔다가 그 사람을 보고서는 길 반대쪽으로 지나가 버렸습니다. 마치 아무 일도 일어나지 않은 것처럼 말입니다.

그런데 여행을 하던 어떤 사마리아인이 그가 있는 곳에 이르러 그를 보고는 가엾은 마음이 들었습니다. 그래서 그에게 다가가 상처에 기름과 포도주를 붓고 싸맨 다음, 자기 노새에 거의 죽어가는 사람을 태워 여관으로 데려가 돌보아 주었습니다.

이튿날 여관을 떠나기 전, 사마리

아인은 여관 주인에게 두 데나리온을 주며, "저 사람을 돌봐 주십시오. 비용이 더 들어도 걱정하지 마십시오. 돌아오는 길에 돈을 드리겠습니다."라고 말했습니다.

예수님께서 여러분에게 묻습니다. "이 세 사람 가운데에서 누가 강도를 만난 사람의 이웃이 되어 주었다고 생각합니까?" "그에게 자비를 베푼 사람입니다." 이것이 여러분의 답변인가요?

★ 〈루카 복음서〉 10장 30~37절의 이야기

왜 예수님은 비유의 주인공으로 사마리아인을 선택했을까요? 유대인들이 종교적 전통이 다르다는 이유로 사마리아인들을 멸시했기 때문입니다. 오히려 예수님은 사마리아인의 착하고 관대한 마음을 보여 주십니다. 또 유대인 사제와 레위인과 달리 사마리아인이 하느님의 뜻을 실천하고 있다는 걸 드러내십니다. 하느님은 우리에게도 자비를 베푸는 마음을 원하십니다. 주님은 자비로우시고, 우리의 빈곤, 어려움, 그리고 죄조차 잘 이해하시기 때문입니다. 바로 사마리아인은 이를 실천했습니다. 그는 하느님만의 자비로운 마음, 즉 도움이 필요한 사람들에게 자비를 베푸는 마음을 닮으려고 했습니다.

★ 삼종 기도, 2013년 7월 14일

사마리아인은 하느님께서 자신을 부르신다는 걸 알았고, 도망치지 않았습니다. 그는 버림받은 사람에 다가가서, 상처를 싸매 주고, 자신의 노새에 태웠습니다. 여관까지 데려가 그를 돌봤죠. 그를 돕기 위해서 아주 많은 시간을 썼습니다.

★ 산타 마르타의 집 강론, 2013년 10월 7일

도움을 요청하는 사람을 만났을 때, 나 자신만 사랑하는 걸 멈출 수 있나요?

세상에는 고통과 빈곤이 널려 있고, 착한 사마리아인들의 도움이 정말 많이 필요합니다.

★ 트위터, 2013년 12월 9일

참된 그리스도인은 베풀 줄 압니다. 그의 삶은 조용히 이웃에게 베푸는 행동으로 가득합니다.

★ 트위터, 2014년 8월 23일

교회에 자주 다니고 하느님의 자비를 알아도 모두가 이웃을 사랑할 줄 아는 것은 아닙니다. 성경을 완벽하게 알지라도, 전례(典禮)적인 것을 모두 알지라도, 신학을 다 알지라도 사랑하는 법을 안다고 할 수 없습니다. 사랑하려면 다른 길로 가야 합니다. 똑똑함이 필요하지만 그 이상의 다른 것도 있어야 합니다.

사제와 레위인은 도움이 필요한 사람을 보았지만 무시했습니다. 그를 살펴봤지만 돌보지 않았습니다. 고통을 받고 있는 사람, 그러니까 남자든, 여자든, 아이든, 어르신이든 그들에게 가까이 가지 않으면, 하느님께 다가가지 못합니다.

★ 교황과의 만남, 2016년 4월 27일

하느님께서는 우리에게 연민을 느끼십니다. 이 말은 무슨 의미일까요? 하느님은 우리 때문에 괴로워하시고, 우리의 고통을 느끼십니다. '연민(compassione)'이라는 말은 '함께 마음을 나눈다'는 말입니다. 착한 사마리아인의 행동에서 우리는 자비 넘치는 하느님의 모습을 봅니다. 주님은 우리 하나하나에게 똑같이 연민을 느끼며 만나러 오십니다. 하느님께서는 우리를 간과하지 않으시고, 우리의 고통을 아시고, 우리에게 도움과 위로가 얼마나 필요한지 잘 아십니다. 하느님은 우리에게 가까이 다가오십니다. 그리고 결코 우리를 저버리지 않으십니다.

★ 교황과의 만남, 2016년 4월 27일

내가 만나는 사람이나 도움이 필요한 사람과 가까워질 수 있는지는 순전히 나 자신에게 달려 있습니다. 상대가 외국인이든, 내게 적대적인 사람들이든 상관없습니다. 선택은 자신의 몫입니다. 그래서 예수님은 다음과 같은 말씀으로 비유를 마무리하십니다. "여러분도 가서 그렇게 하십시오." 아주 좋은 교훈입니다! 예수님께서는 우리에게 다시 말씀하십니다. "여러분도 가서 그렇게 하십시오." 곤경에 처한 형제와 자매를 본다면 그들의 가까운 이웃이 되라고 우리 모두에게 말씀하고 계십니다.

★ 삼종 기도, 2016년 7월 10일

저는 여관 주인에 대해 생각하는 걸 좋아합니다. 그는 별로 알려지지 않은 인물입니다. 여관 주인은 무슨 생각을 했을까요? 실제로 그는 무슨 일이 벌어지는지 잘 몰랐을 겁니다. 하지만 생각지도 못한 사람이 상상치 못한 일을 하는 것을 보고 크게 놀랐을 겁니다. 여관 주인의 놀라움은 바로 예수님과의 만남과 같습니다.

★ 산타 마르타의 집 강론, 2017년 10월 9일

예수님은 늘 가까이에 계십니다. 이는 복음서에서 수없이 나타납니다. 예수님의 마음을 묘사하는 문장, 예를 들어 "예수님께서 측은히 여기신다."와 같은 글귀에서 그분이 가까이 계시다는 걸 느낍니다. 자비가 느껴지고, 가까워집니다.

예수님은 언제나 소외된 이들과 함께 계셨습니다. 가난한 사람들, 아픈 사람들, 죄인들, 한센병자들이 그들입니다. 이들 모두 예수님과 가까이했습니다. 예수님께서 그들의 약함에 공감할 줄 아시는, 착한 목자이셨기 때문입니다. 착한 목자는 가까이 다가가고 공감할 줄 아는 사람입니다.

★ 산타 마르타의 집 강론, 2017년 10월 30일


복음서에 나오는 사마리아인은 편견이 없습니다. 길에 쓰러진 사람을 도와주기 전에 출신 지역이나 종교를 물어보지 않습니다. 또한 매 맞을 만한 짓을 했는지도 물어보지 않았습니다. 네, 하지 않았습니다. 착한 사마리아인은 다친 사람에게 예방 차원의 심문도 하지 않습니다. 사마리아인은 그를 판단하지 않고, 도움을 주는 걸 경시하지 않습니다. 도덕적이거나 그의 종교가 무엇인지와는 아무런 상관이 없습니다. 사마리아인은 그저 도움이 필요한 이의 상태가 긴급하다고 보고, 그의 부상을 치료하고, 여관으로 데려가서 돌봐 달라고 맡깁니다. 그건 미룰 수 없는 일이었습니다.

★ 담화, 2018년 1월 29일

우리는 가난한 사람들, 버림받은 사람들, 난민들을 만나면서 예수님을 만납니다. 여러분의 두려움 때문에 도움이 필요한 이웃을 따뜻하게 받아들이지 못하는 일이 없도록 하십시오.

★ 트위터, 2018년 6월 20일


이웃의 얼굴에서 그리스도의 모습을 발견할 수 있을 때, 여러 분도 착한 사마리아인이 됩니다.

★ 트위터, 2018년 7월 10일

문

LA PORTA

한밤중에 어떤 친구가 여러분을 찾아와서 이렇게 말한다고 합시다. "여보게, 빵 세 덩어리만 꾸어 주게. 내 친구 하나가 먼 길을 가다가 우리 집에 들렀는데 내어놓을 것이 있어야지."

여러분은 자고 있는 중이어서 일어나지도 않은 채 집 안에서 큰 목소리로 친구에게 대답합니다. "귀찮게 굴지 말게. 벌써 문을 닫아 걸고, 아이들도 나도 다 잠자리에 들었으니, 일어나서 줄 수가 없네."

친구가 떠나지 않고, 간청하고, 또 간청합니다. "빵 세 덩어리만 빌려주시게. 우리 집에 먹을 게 없네."

여러분이 우정 때문에 일어나서 빵을 주지는 않더라도, 끈질긴 간청 때문에 결국 자리에서 일어날 겁니다.

예수님께서 여러분에게 말씀하십니다. "청하십시오, 여러분에게 주실 것입니다. 찾으십시오, 여러분이 얻을 것입니다. 문을 두드리십시오, 여러분에게 열릴 것입니다. 누구든지 청하는 이는 받고,

찾은 이는 얻고, 문을 두드리는 이에게는 열릴 것입니다. 여러분 가운데 어느 아버지가 아들이 생선을 청하는데 생선 대신 뱀을 주며, 달걀을 청하는데 전갈을 주겠습니까? 여러분이 악해도 자녀들에게는 좋은 것을 줄 줄 알거든, 하늘에 계신 아버지께서야 당신께 청하는 이들에게 성령을 얼마나 더 잘 주시겠습니까?"

★ 〈루카 복음서〉 11장 5~13절의 이야기

우리 인생에는 우정을 위해 목숨을 내어 줄 정도로 귀중한 친구들도 있고, 정도의 차이는 있어도 다른 착한 친구들도 있습니다. 하지만 그중 몇몇과 더 깊은 우정을 나눕니다. 그런 친구들은 아주 많지는 않습니다. 성경은 그런 친구들이 "한두 명 또는 세 명 정도… 그 이상은 없다."라고 말합니다. 다른 친구들도 친구이지만, 그 몇 명과 같지는 않습니다.

★ 산타 마르타의 집 강론, 2014년 10월 9일


문을 자주 열어 보십시오. 밖에서 그 문을 두드릴 용기나 힘조차 없는 사람이 기다릴 수도 있습니다. 얼마나 많은 사람들이 희망을 잃고서 그리스도인의 마음의 문, 우리 교회의 문을 두드릴 용기를 갖지 못하나요… 그들은 거기에 있습니다. 그들은 용기가 없습니다. 우리가 그들의 희망을 앗아가고 있습니다. 제발 결코 이런 일이 생기지 않았으면 좋겠습니다.

★ 교황과의 만남, 2015년 11월 18일


예수님은 지치지 말고 기도하라고 권유하십니다. 우리는 특히 기도가 통하지 않을 것 같을 때 피로를 느끼며, 좌절합니다. 하느님께서는 기꺼이 자녀의 기도를 들어 주시지만, 그렇다고 해서 주님께서 우리가 원하는 때와 방식으로 들어준다는 의미는 아닙니다. 기도는 마술 지팡이가 아닙니다!

★ 교황과의 만남, 2016년 5월 25일

기도하려 할 때 신앙의 용기가 필요합니다. 주님이 우리 말에 귀 기울이시는 것을 믿고, 문을 두드릴 용기를 가져야 합니다. 주님께서는 이렇게 말씀하셨습니다. "누구든지 청하는 이는 받고, 찾는 이는 얻고, 문을 두드리는 이에게는 열릴 것입니다." 그렇기 때문에 용기가 필요합니다. 하지만 저는 궁금합니다. '우리의 기도가 정말 이럴까? 우리와 정말로 관련이 있을까? 우리의 마음과 삶과 연결된 걸까? 우리는 하느님의 마음을 두드리는 방법을 알고 있는 걸까?'

★ 강론, 2017년 10월 12일

우리 문을 두드리는 모든 이방인들이 예수 그리스도를 만날 기회입니다.

★ 트위터, 2017년 12월 18일

예수님은 당신을 찾는 이들이 발견할 수 있도록 하십니다. 하지만 예수님을 찾기 위해서는 몸을 움직여 밖으로 나가야 합니다.

★ 트위터, 2018년 2월 4일

잃어버린 양

LA PECORA SMARRITA

여러분 중에 누가 양 백 마리를 가지고 있다고 합시다. 그중에서 한 마리를 잃으면, 아흔아홉 마리를 들판에 놓아둔 채 잃은 양을 찾아 헤매지 않겠습니까?

예수님께서 목자가 그 양을 찾게 되어 기뻐하며 양을 어깨에 메고 집에 갔다고 말씀하셨습니다. 목자는 친구들과 이웃들을 불러 모으고는 큰 목소리로 "나와 함께 기뻐해 주십시오. 잃었던 내 양을 찾았습니다."라고 말했습니다.

★ 〈루카 복음서〉 15장 4~6절의 이야기

하느님은 기쁨이십니다! 하느님의 기쁨은 뭘까요? 하느님의 기쁨은 용서하는 것입니다! 그건 자신의 양을 다시 찾은 목자의 기쁨입니다.

★ 삼종 기도, 2013년 9월 15일

양을 찾아서 친구들이 있는 양 무리로 돌려보낼 때, 절대 "네가 길 잃은 양이야."라고 말해서는 안 됩니다. 대신 "네가 우리 가족이야."라고 말해야 합니다. 그렇게 해야 길 잃은 양이 자신의 품위를 회복할 수 있습니다. 이처럼 하느님은 당신께서 찾아낸 사람들을 회복시키십니다. 그러면서 기뻐하시는 분입니다. 하느님의 기쁨은 죄인의 죽음이 아니라 죄인의 생명을 구하는 데 있기 때문입니다.

★ 산타 마르타의 집 강론, 2013년 11월 7일

목자가 나가서 길 잃은 양을 찾습니다. 이 목자는 셈이 빠른 상인처럼 계산해 보았을 수도 있습니다. 아직 아흔아홉 마리가 있으니 한 마리를 잃어버려도 여전히 양이 많은 상태입니다. 그렇지만 그는 목자의 마음으로 양을 찾을 때까지 돌아다닙니다. 결국 양을 찾고는 기뻐 축제를 열고 즐

거워합니다.

★ 산타 마르타의 집 강론, 2014년 12월 9일


우리 역시 하느님을 따르고 주님과 함께 머물고 싶으면, 아흔 아홉 마리의 양을 보호하는 울타리 안에 머물며 안주하면 안 됩니다. 우리는 '밖으로 나가서' 하느님과 함께 잃은 양을, 그 것도 가장 멀리 떨어져 있는 양을 찾아야 합니다.

★ 교황과의 만남, 2013년 3월 27일


이 비유에는 세 종류의 등장인물이 나옵니다. 목자, 길 잃은 양 그리고 나머지 양들. 하지만 행동하는 이는 목자뿐입니다. 양이 아닙니다. 따라서 목자는 유일한 주인공이며, 모든 게 그에게 달려 있습니다. 비유는 한 질문에서 시작합니다. "여러분 중에 누가 양 백 마리를 가지고 있다고 합시다. 그중에서 한 마리를 잃으면, 아흔아홉 마리를 들판에 놓아둔 채 잃은 양을 찾아 헤매지 않겠습니까?"

이 질문은 목자의 행동에 물음표를 던지게 하는 역설입니다. 한 마리 양을 구하려 아흔아홉 마리 양을 내팽개치는 게 현명한 행동인가요? 게다가 아흔아홉 마리 양들이 안전한 울타리 안에 있었던 것이 아니고 사막에 있었습니다. 성서 전승에 따르면, 사막은 죽음의 장소입니다. 양식과 물을 구하기 힘든 곳이며, 몸을 피할 곳도 없어 맹수와 강도 앞에 속수무책입니다. 도움을 받을 길이 없는 아흔아홉 마리의 양은 어찌해야 합니까?

이어지는 이야기를 보면 역설은 계속됩니다. 목자가 양을 찾은 후 "어깨에 매고 집으로 돌아가 친구와 이웃을 불러 모으고 즐기자."라고 말합니다. 그러니까 목자는 사막에 돌아가 방치된 양떼 모두를 되찾으려 하지 않습니다! 잃어버렸던 양 한 마리에만 빠져서 나머지 아흔아홉 마리를 모두 잊고 있는 것 같습니다.

하지만 실제로는 그렇지 않습니다. 예수님께서 우리에게 전달하고픈 가르침은 양 한 마리라도 잃으면 안 된다는 것입니다. 주님은 한 사람이라도 길을 잃는 것을 받아들일 수 없는 겁니다.

★ 교황과의 만남, 2016년 5월 4일

예수님은 아버지 하느님께서 죄인을 따뜻하게 맞이하고, 자비롭게 대하는 걸 최우선으로 생각하시는 분이라는 사실을 명확하게 이해시키려 하십니다.

★ 삼종 기도, 2016년 9월 11일

이 비유에서는 애도에 대한 언급이 없습니다. 모두가 즐거워하며 축제를 엽니다. 목자는 친구들과 이웃들을 불러 모으고는 그들에게 "같이 기뻐해 주십시오. 잃었던 양을 찾았습니다."라고 말합니다. 친구들, 이웃들과 나누고 싶을 정도로 억누를 수 없는 참된 기쁨에 방점이 찍혀 있습니다.

★ 삼종 기도, 2016년 9월 11일


목자는 자신이 소유한 모든 양을 사랑합니다. 길 잃은 양은 갈 길을 잘 알고 있었습니다.
마음이 갈 곳을 잃어, 마음이 아파서 길을 잃은 것입니다.

★ 산타 마르타의 집 강론, 2016년 12월 6일


살면서 우리는 하느님의 부드러움을 경험합니다. 그분은 우리 일상에서 죄, 두려움, 불안에서 우리를 다정하게 구해 주십니다.

★ 트위터, 2018년 2월 15일


이 장면은 매우 아름답습니다. 가시덤불 사이에서 허리를 구

부린 채 다칠 위험을 무릅쓰면서 길 잃은 양을 구하시는 예수님.

★ 강론, 2018년 3월 29일

자비로운 아버지

IL PADRE MISERICORDIOSO

어떤 사람에게 아들 둘이 있었습니다. 어느 날 작은아들이 제 몫으로 돌아올 재산을 달라고 청했습니다. 그래서 아버지는 두 아들에게 재산을 나누어 주었습니다.

며칠 뒤에 작은아들은 자기 재산을 모두 챙겨서 먼 고장으로 떠났습니다. 그러고는 거기서 방종한 생활을 하며 모든 재산을 허비했습니다. 그가 빈털터리가 됐을 때, 마침 그 고장에 심한 기근이 들었고, 작은아들은 큰 어려움을 겪게 됐습니다. 돈을 벌기 위해 그는 들에 가서 돼지를 치는 일을 했습니다. 하도 먹을 게 없자 돼지들이 먹는 쥐엄나무 열매로라도 배를 채우려고 했지만, 주는 이가 없었습니다.

그제야 그는 제정신이 들었습니다. '내 아버지 집의 그 많은 품팔이꾼들은 먹을 것이 남아도는데, 나는 여기에서 굶어 죽는 구나!'

그는 일어나 아버지께 돌아가 '아버지, 제가 하늘과 아버지께 죄를 지었습니다. 이제 저는 아버지의 아들이라고 할 자격이 없으니, 저를 품팔이꾼 가운데 한 명으로 삼아 주십시오!'라고 말하기로 마음먹었습니다.

그는 거기를 떠나 아버지에게로 발길을 돌렸습니다. 그가 아직도 집에서 멀리 떨어져 있을 때에 아버지는 그를 알아보고, 가엾은 마음이 들었습니다. 아버지는 아들에게 달려가 목을 끌어안고, 입을 맞추었습니다. 아들은 마음속으로 준비했던 말을 꺼내 놓았습니다. "아버지, 제가 하늘과 아버지께 죄를 지었습니다. 이제 저는 아버지의 아들이라고 할 자격이 없습니다."

그러나 아버지는 종들에게 일렀습니다. "어서 제일 좋은 옷을 가져다 입히고, 손에 반지를 끼우고, 발에 신발을 신겨 주어라. 그리고 살진 송아지를 끌어다가 잡아라. 먹고 즐기자. 내 아들이 죽었다가 다시 살아났고, 내가 잃었다가 도로 찾았다."

그들은 즐거운 잔치를 벌이기 시작했습니다.

그때 큰아들은 들에 나가 있었습니다. 그가 집에 거의 도착했을 때 노래하며 춤추는 소리를 들었습니다. 하인 한 명을 불러 무슨 일이냐고 물었습니다.

하인이 대답했습니다. "아우님이 오셨습니다. 그분이 무사히 돌아오셨다고 아버님이 살진 송아지를 잡으셨습니다." 큰아들은 화가 나서 집에 들어가고 싶지 않았습니다.

그때 아버지가 나와서 달랬습니다.

하지만 그는 아버지에게 "저는 여러 해 동안 종처럼 아버지를 섬기며 아버지의 명을 한 번도 어기지 않았습니다. 이러한 저에게 아버지는 친구들과 즐기라고 염소 한 마리 주신 적이 없습니다. 그런데 창녀들과 어울려 아버지의 재산을 들어먹은 동생이 돌아오니 이 아이를 위해서는 살진 송아지까지 잡아 주시는군요."라고 말했습니다.

아버지가 대답했습니다. "애야, 너는 늘 나와 함께 있고, 내 것이 모두 네 것이다. 하지만 네 동생은 죽었다가 다시 살아났으며, 내가 잃었다가 되찾았다. 그러니 즐기고 기뻐해야 한다."

★ 〈루카 복음서〉 15장 11~32절의 이야기

우리 모두는, 행복이라는 신기루를 좇으면서 자유를 낭비하고 모든 것을 잃는 아들과 같습니다. 하지만 하느님께서는 우리를 잊지 않으십니다. 아버지는 우리를 절대 버리지 않으십니다. 인내하는 아버지이시고, 우리를 항상 기다려 주십니다! 우리의 자유를 존중하시고, 늘 신실하십니다. 우리가 아버지에게 돌아가면, 주님은 아버지의 집에서 어린아이를 맞이하듯 환대해 주십니다. 우리를 사랑으로 기다리는 일을 한순간도 멈추지 않으시기 때문입니다. 돌아오는 모든 아이들 덕분에 하느님의 마음은 즐겁습니다.

★ 삼종 기도, 2013년 9월 15일

젊은이는 자기만의 인생을 그려 보고 싶었고, 아버지의 권위에 반항하고 싶었습니다. 그는 아버지에 맞서며 이렇게 말합니다. "제몫의 유산을 주시면 떠나겠습니다." 그러고는 그는 떠났습니다. 몇 년 동안 흥청망청 놀았습니다. 술집에서, 악덕한 일에 돈을 쓰며 즐거움을 느꼈습니다. 돈을 모두 탕진하고 경제적 위기에 처하자, 일을 구할 수밖에 없었습니다. 하지만 일자리가 없었고, 돼지를 돌보는 일을 하게 됐습니다. 이 젊은 친구는 너무 많은 돈을 가졌었습니다. 아버지에게 유산으로 받은 것입니다. 그는 파티와 오락 사이에서 부유했습

니다. 그런 그가 이전에는 절대 알지 못했던 것을 경험하게 됐습니다. 바로 배고픔입니다.

하지만 하느님께서는 아주 선하십니다. 하느님께서는 우리가 실패를 경험할 때 우리의 마음에 대고 이야기하십니다. 하느님은 그 젊은이에게 "넌 실패했어. 네가 한 짓을 봐!"라고 말씀하지 않았습니다. 그를 생각하고 고민하게 만들었습니다. 복음서에 따르면, 그는 '스스로 돌이켰습니다.' 즉, 젊은이는 반성하고 아버지에게 돌아갔습니다. 놀랍게도 그의 아버지는 몇 년 동안 그를 기다리고 있었습니다. 복음서를 보면, 아버지는 아들이 멀리 있을 때부터 그를 봤다고 합니다. 아버지는 매일 오후가 되면 아들이 돌아오는지 확인하려고 옥상에 올라갔기 때문입니다. 아버지는 아들을 안아 주고, 그를 위해서 축제를 열었습니다.

★ 영상 편지, 2014년 4월 26일

하느님께서는 용서를 하실 때 항상 축제를 여십니다. 예수님께서 이렇게 말씀하셨습니다. "죄인이 아버지에게 돌아가면 하늘에서 큰 축제가 열릴 겁니다".

★ 산타 마르타의 집 강론, 2015년 1월 23일

여러분 모두가 아는, 자비로운 아버지의 비유에는 주목할 만한 게 있습니다. 바로 아버지가 돌아오는 아들의 모습을 보았을 때, 연민을 느끼는 부분입니다. 하느님의 연민은 동정이 아닙니다. 연민과 동정은 서로 다릅니다. 죽어 가는 강아지를 보거나, 어떤 상황 때문에 동정할 수 있습니다. 어떤 사람을 가엾게 여길 수도 있습니다. 그를 가엾게 보고, 안 좋은 일이 생겨서 가엾게 생각합니다. 하지만 하느님의 연민은 상대의 문제 속으로 내가 들어가는 것이며, 아버지의 마음처럼 상대의 처지에 서는 것입니다.

★ 산타 마르타의 집 강론, 2015년 10월 30일


이 이야기를 통해 아버지의 몇 가지 특징을 알 수 있습니다. 그는 늘 용서할 줄 알고, 희망이 없을 때에도 희망을 가지는 사람입니다. 우선 작은아들이 집을 떠나기로 결정했을 때, 아버지가 이를 받아들이는 모습이 인상적입니다. 아들이 아직 성숙하지 못하고, 어린 소년에 불과하니 그의 계획에 반대하거나 유산을 주지 않는 걸 고민할 수도 있었습니다. 하지만 아버지는 앞으로 일어날 위험을 예상하면서도 아들이 떠나는 걸 허락합니다. 하느님도 이와 같이 움직이십니다. 우리를 자유롭게 내버려 두십니다. 심지어 실수할 자유조차 주십니다. 우리를 창조하면서 자유라는 가장 큰 선물을 주셨기 때문입니다. 이를 잘 활용하는 건 우리 자신에게 달려 있습니다. 저는 하느님께서 자유를 선물해 주셨다는 사실이 항상 놀랍습니다!

집을 떠난 아들과의 거리는 물리적 거리일 뿐입니다. 아버지는 언제나 작은아들을 마음속에 간직합니다. 아들의 귀향을 자신하며 기다립니다. 그를 다시 볼 수 있다는 희망으로 길을 살펴봅니다. 그러던 어느 날 멀리서 아들이 보이기 시작합니다. 이것은 아버지가 아들이 돌아오는지 확인하려고 매일 옥상에 올라갔다는 말입니다! 아버지는 아들을 알아보고 뛰어가 끌어안고 입을 맞춥니다. 아주 감동적인 장면입니다! 그 아들이 얼마나 나쁜 짓을 많이 했는데…. 그래도 아버지는 이렇게나 그를 환영합니다.

★ 삼종 기도, 2016년 3월 6일

예수님은 이야기를 통해 우리에게 절대 좌절하지 말라고 격려하십니다. 자식이 위험한 길을 선택할 때 걱정에 휩싸이는 부모를 생각합니다. 이제 인생이 끝나 버린 것 같은, 감옥에 수감된 사람들에 대해서도 생각합니다. 올바르지 않은 선택으로 미래가 없다고 여기는 사람들, 자비와 용서에 굶주렸지만 자신이 받을 만하지 않다고 여기는 사람들….

삶의 어떤 상황에서도 내가 하느님의 자녀라는 사실을 절대 잊지 말아야 합니다. 나를 사랑하고 나의 회개를 기다리는 아버지의 자녀가 되는 것을 절대 포기해서는 안 됩니다.

인생 최악의 상황에서도 하느님은 나를 지켜 주고 계시고, 나를 안아 주려고 기다리고 계십니다.

★ 교황과의 만남, 2016년 5월 11일

예수님께서는 하느님의 진짜 얼굴을 보여주십니다. 아버지는 부드러움과 연민으로 죄인들을 두 팔 벌려 대하십니다. 이 비유에서는 파멸에 빠진 한 젊은이의 슬픈 이야기보다 그의 다짐이 인상적입니다. '일어나서 아버지에게 가야겠다.' 집으로 돌아가는 길은 희망의 길이자 새로운 삶입니다. 하느님은 항상 우리가 다시 돌아오길 기다리시고, 인내심을 가지고 우리를 지켜 주시며, 먼 곳에 있을 때부터 우리를 알아보셔서, 한걸음에 달려와 안아 주시고, 입을 맞추고, 우리를 용서해 주십니다. 하느님이 이런 분이십니다! 우리의 아버지가 바로 이런 분이십니다!

★ 삼종 기도, 2016년 9월 11일

# 참포도나무와 가지

LA VITE E I TRALCI

"나는 참포도나무요, 나의 아버지는 농부이십니다. 나에게 붙어 있으면서 열매를 맺지 않는 가지는 아버지께서 다 쳐내시고, 열매를 맺는 가지는 모두 깨끗이 손질하시어 더 많은 열매를 맺게 하십니다. 여러분은 내가 한 말로 이미 깨끗하게 됐습니다. 내 안에 머무르십시오. 나도 여러분 안에 머무르겠습니다. 가지가 포도나무에 붙어 있지 않으면 스스로 열매를 맺을 수 없는 것처럼, 여러분도 내 안에 머무르지 않으면 열매를 맺지 못합니다.

나는 포도나무요 여러분은 가지입니다. 내 안에 머무르고 나도 그 안에 머무르는 사람은 많은 열매를 맺습니다. 여러분은 나 없이 아무것도 하지 못합니다."

★ 〈요한 복음서〉 15장 1~5절의 이야기

우리가 포도나무 가지처럼 하느님에게 붙어 있는다면, 그분과의 친교를 저버리지 않는다면, 우리 삶 속에서 그분을 위한 공간을 더욱 넓힌다면, 가공할 만한 어려움, 괴로움, 오해는 절대 생기지 않습니다.

★ 강론, 2013년 4월 28일

예수님께서는 포도나무와 가지의 비유를 통해서 다음과 같이 말씀하십니다. "나의 사랑 안에 사십시오, 가지가 포도나무에 붙어 있듯이 내게 붙으십시오." 우리가 그에게 붙어 있으면 열매를 맺을 수 있습니다. 이것이 바로 그리스도와의 친밀한 관계입니다. 예수님 안에 머무십시오! 그것은 그분에게 붙어 있고, 그분 안에 있고, 그분과 함께 있고, 그분과 함께 이야기하는 것입니다. 예수님 안에 머무십시오!

★ 담화, 2013년 9월 27일

예수님은 포도나무이십니다. 그를 통해서 나무의 수액처럼 하느님의 사랑이신 성령이 가지까지 뻗어 나갑니다. 우리는 가지입니다. 예수님은 이 비유를 통해서, 우리가 당신에게 붙어 있는 게 얼마나 중요한지 알려 주고 싶어 하십니다. 가지

는 스스로 열매를 맺을 수 없고, 생명의 근원인 포도나무에 의존합니다.

★ 삼종 기도, 2016년 5월 3일

예수님과의 관계가 친밀하면, 성령의 열매를 누릴 수 있습니다. 사도 바오로가 언급한 "사랑, 기쁨, 평화, 인내, 친절, 선행, 진실, 온유, 절제"가 그것입니다(갈라티아 신자들에게 보낸 서간 5장 22절). 우리가 예수님에게 붙어 있으면, 이런 선물들을 누릴 수 있습니다. 결국 예수님과 친밀한 관계를 가지는 사람은 이웃과 사회에 큰 도움이 되는 그리스도인입니다. 열매를 보면 어떤 나무인지 알 수 있는 것처럼, 삶에 대한 태도를 보면 어떤 이가 진정한 그리스도인인지 알 수 있습니다. 예수님과의 깊은 관계를 통해 맺어지는 열매는 경이롭습니다. 우리의 인격이 성령의 은총에 의해 변합니다. 우리의 영혼, 지능, 의지, 애정, 그리고 육체마저 변합니다. 우리는 정신과 육체가 조화를 이루는 생명체이기 때문입니다.

★ 삼종 기도, 2016년 5월 3일

이따금 시간이 날 때 우리가 예수님이라는 포도나무에 붙어 있는 작은 가지라고 생각해 본 적이 있나요? 확언할 수 있는 게 있습니다. 믿음을 갖고 이 사실을 생각하면, 여러분 안에 성령의 '수액'이 흐르는 게 느껴지고, 시나브로 열매를 맺을 겁니다. 여러분은 용기를 내는 방법, 인내하는 기술을 알게 될 겁니다. 겸손하며, 나눌 줄도 알지만, 남과 다르다는 것도 알 겁니다. 즐거워하는 자와 함께 즐기고, 목 놓아 우는 자와 함께 울 것입니다. 여러분을 싫어하는 자를 사랑하는 방법, 악을 선으로 대응하는 방법을 알 것입니다. 그렇게 되면 여러분은 복음을 전하게 될 겁니다!

★ 담화, 2015년 6월 21일

우리를 향한 사랑 때문에 주님의 심장이 뛰는 소리를 느낍니다. 주님을 믿는 모든 사람들이 하나가 되기를 갈망하는 소리가 들립니다. 그 소리는 주님이 진정한 포도나무이며 우리는 가지임을 알려 줍니다.

★ 강론, 2016년 10월 31일

세상의 사랑 방식은 다릅니다. 예를 들어, 돈을 향한 사랑, 허영심을 향한 사랑, 오만함을 향한 사랑, 권력을 향한 사랑이 있습니다. 좀 더 큰 권력을 얻기 위해 온당치 않은 일도 서슴지 않고 많이 저지릅니다. 이것들은 다른 형태의 사랑입니다. 예수님의 사랑도, 아버지 하느님의 사랑도 아닙니다. 주님은 우리에게 당신의 사랑 속에, 즉 아버지의 사랑 안에 살라고 요청하십니다.

★ 산타 마르타의 집 강론, 2017년 5월 18일


포도나무는 가지들이 모여서 한 그루의 나무가 됩니다. 가지는 포도나무에 붙어 있어야만 열매를 맺을 수 있습니다. 포도나무와 가지가 붙어서 하나가 되는 것처럼, 사람도 주님과 하나가 되어야 주님의 부활에서 비롯된 새로운 삶, 자비, 정의, 평화 같은 열매를 맺을 수 있습니다. 성인(聖人)들이 바로 이런 삶을 살았습니다. 그들은 그리스도인의 삶을 살았고, 박애를 증거한 이들이었습니다. 그들이 바로 주님인 포도나무의 진정한 가지였기 때문입니다. 우리 모두는 성인들처럼 살아야 합니다. 일상을 사랑으로 살고, 사랑을 타인에게 실천하면서 말입니다.

★ 삼종 기도, 2018년 4월 29일

옮긴이의 말

종교는 인간의 성장 과정과 인성에 큰 영향을 미칩니다. 어렸을 때 경전을 읽으면, 자기만의 사고방식을 확립하고, 인생철학을 다지는 데 큰 도움이 됩니다. 그리고 어른이 되는 과정에서 든든한 토대가 됩니다. 저 역시 어린 시절 신부님께서 말씀하신 복음서의 비유들을 아주 흥미롭게 들었고, 평생의 가치관을 형성하는 데 큰 영향을 받았습니다. 이런 이유로 이탈리아에서 이 책을 처음 보았을 때, 꼭 제 아이에게 읽어 주고 싶은 마음이 들었습니다. 직접 번역해야겠다는 생각도 했습니다.

프란치스코 교황님은 가톨릭 신자가 아닌 사람들에게도 큰 신망을 얻고 있습니다. 굉장히 직설적이고, 투명하고, 꾸밈없는 분이기 때문입니다. 이 책을 번역하면서 프란치스코 교황님의 말씀 덕분에 거의 외울 정도로 잘 알았던 복음서의 비유들이 새롭게 보이고, 또 다른 뜻을 발견할 수 있었습니다. 오랜만에 복음에 대해서 다시 한번 깊게 생각할 수 있었던 기회였습니다. 책에 나오는 교황님의 논평과 생각 들은 삼종 기도, 담화, 강론, 교황님과의 만남, 트위터에서 언급됐는데, 간단하지는 않지만 어른뿐만 아니라 청소년들 또한 쉽게 이해할 수 있습니다. 짧은 글을 통해 오히려 교황님의 생각과 복음을 더 깊고 강력하게 느낄 수 있습니다.

아직 많이 부족하지만, 종교의 화합이 이루어져 서로를 존중하는 미래를 꿈꾸며, 복음이 가진 일반적인 가치를 종교와 상관없이 알아줬으면 하는 마음으로 번역했습니다. 독자 여러분들도 이 책을 읽으면서 자그마한 영감을 받으신다면 더할 나위 없이 기쁘겠습니다.

마지막으로 번역 과정에서 많은 도움을 준 아내와 글을 감수해 주신 정우석 사무엘 신부님께 특별한 감사의 말씀을 드리고 싶습니다. 또, 이 책이 나오기까지 수고해 주신 틈새책방 관계자 여러분께도 감사드립니다.


알베르토 몬디

# 겨자씨 말씀

프란치스코 교황이 예수님 말씀에서 길어 올린 생각들

1판 1쇄 발행 2020년 9월 14일

| | |
|---|---|
| **지은이** | 프란치스코 교황 |
| **엮은이** | 안나 페이레티 |
| **옮긴이** | 알베르토 몬디 |
| **감수** | 정우석 사무엘 신부 |
| **일러스트** | 주리아 오레치아 |
| **도움** | 한국 어머니들의 기도 (Korea@mothersprayers.org): |
| | 김미희 마리스텔라, 김영경 플로라 |

| | |
|---|---|
| **펴낸이** | 이민선 |
| **편집** | 홍성광, 이해정 |
| **디자인** | 박은정 |
| **제작** | 호호히히주니 아빠 |
| **인쇄** | 삼조인쇄 |

| | |
|---|---|
| **펴낸곳** | 틈새책방 |
| **등록** | 2016년 9월 29일 (제25100-2016-000085) |
| **주소** | 08355 서울특별시 구로구 개봉로1길 170, 101-1305 |
| **전화** | 02-6397-9452 |
| **팩스** | 02-6000-9452 |
| **홈페이지** | www.teumsaebooks.com |
| **네이버 포스트** | m.post.naver.com/teumsaebooks |
| **페이스북** | www.facebook.com/teumsaebook |
| **인스타그램** | @teumsaebooks |

ISBN 979-11-88949-25-0 03230

이 도서의 국립중앙도서관 출판예정도서목록(CIP)은 서지정보유통지원시스템 홈페이지
(http://seoji.nl.go.kr)와 국가자료종합목록 구축시스템(http://kolis-net.nl.go.kr)에서 이용
하실 수 있습니다. (CIP제어번호 : CIP2020033949)